FRANCE ET ALLEMAGNE.

FRANCE ET ALLEMAGNE.

DISCOURS

PRONONCÉ À LONDRES, LE 20 DÉCEMBRE, 1870,

PAR

LE R. P. HYACINTHE.

FUTURA PROSPICE.

London:

MACMILLAN AND CO.

1871.

LONDON:
R. CLAY, SONS, AND TAYLOR, PRINTERS,
BREAD STREET HILL.

À

EMMANUEL,

PRINCE DE LA PAIX!

FRANCE ET ALLEMAGNE.

Depuis bientôt cinq mois, l'Europe assiste au choc
le plus formidable des temps modernes, et chacun
des vrais amis de l'humanité, des disciples sérieux de
l'Evangile, se demande avec anxiété ce qu'il peut faire
pour hâter le retour de la paix. Si puissants que soient
les triomphes de la force matérielle, ils demeurent
subordonnés à la force morale, et voilà pourquoi, selon
la parole de nos livres saints, le royaume de ce monde
appartient définitivement à Dieu et à son Christ.
Chacun de nous est dépositaire d'une partie de cette
force morale : quand elle fait violence à la justice de
Dieu, elle se nomme la prière ;[1] quand elle fait violence à l'injustice des hommes, elle se nomme l'opinion;
et dans un cas comme dans l'autre elle soulève les
montagnes. C'est à l'opinion que je fais appel en ce
moment : je ne pouvais mieux m'adresser à elle que
sur le sol anglais. N'ayant pas réussi à prévenir cette
lamentable guerre contre laquelle elle s'est prononcée
dès l'origine avec l'énergie d'une conscience honnête et
d'une politique éclairée, l'Angleterre a fait des pro-
diges de dévouement pour en diminuer les horreurs :

[1] "Regnum Dei vim patitur, et violenti rapiunt illud."—Matt. xi. 12.

les blessés des deux armées, les paysans des provinces ravagées, savent ce que peut la charité d'un grand peuple. Toutefois votre tâche n'est pas finie, messieurs, et l'heure est venue pour votre pays de faire peser plus puissamment sa haute et impartiale raison dans les conseils qui décideront de la paix.

Je m'en remets aux hommes d'état et aux hommes de guerre du soin de fixer les conditions qui rendront cette paix durable. Je tiens à éviter tout ce qui n'a que trop rappetissé et passionné le débat. Les esprits vulgaires ou méchants touchent aux questions par les côtés qui divisent, et de la sorte ils en retardent la solution quand ils ne la rendent pas impossible. Laissons les à ces luttes bruyantes et stériles, et pour nous, montons vers des régions meilleures, vers cette terre dont parle Job, que les petits du lion n'ont point foulée de leurs pieds et dont l'aigle lui-même ignore les sentiers.[1]

Y a-t-il matière entre la France et l'Allemagne à l'un de ces conflits dont le caractère est d'autant plus terrible et la durée d'autant plus prolongée que les causes en sont plus profondes ? Telle est la question que je me propose de traiter, en l'envisageant au double point de vue de l'antagonisme des races et de l'antagonisme des religions.

[1] Job xxviii. 7, 8.

I.

Et d'abord l'antagonisme des races. On a dit : Cette guerre n'est pas une guerre ordinaire entre deux états ; ce sont deux races qui se disputent l'empire de l'Europe, la race latine par l'épée de la France, la race germaine par celle de la Prusse. C'est la lutte décisive de deux civilisations, c'est le choc suprême de deux mondes !

Je le reconnais volontiers, l'idée de la race n'est pas sans importance et sans droits dans l'histoire. Elle se rattache à une autre idée, celle de la famille, qui est le principe de toute diversité comme de toute unité parmi les hommes. La race, c'est la famille agrandie ; c'est la paternité élevée à sa plus haute puissance, créant un type nouveau dans la nature humaine, une forme caractéristique de la vie physique et de la vie morale, et les transmettant à travers les générations par le moule persistant d'un même sang et d'une même langue. Rien donc d'étonnant à ce qu'une race fortement constituée se sente comme une humanité dans l'humanité. Cet instinct si profond, Dieu lui-même l'a légitimé ou plutôt consacré, et quand il a voulu intervenir personnellement sur la terre, il a associé, si je l'ose dire, ses propres destinées aux destinées d'une famille et d'une race, la famille d'Abraham et la race d'Israël.

Seulement ici, comme partout, se retrouvent les deux conceptions opposées : l'idée antique et l'idée moderne, l'idée païenne et l'idée chrétienne.

Au point de vue antique, la race n'est pas seulement distincte, elle est isolée. Elle se croit une origine et des destinées supérieures : tout sang qui n'est pas son sang est impur et elle aurait horreur de s'allier avec lui ; toute langue qui n'est pas sa langue est barbare et elle n'y voit en quelque sorte qu'un bégaiement confus de l'animalité. Elle porte cet esprit de séparation jusque dans les choses les mieux faites pour unir, je veux dire dans la religion et dans la morale : elle ne se reconnaît de devoirs qu'envers ses propres membres, elle adore des dieux ennemis de tout ce qui n'est pas elle, et c'est au nom du ciel comme au nom de la terre qu'elle vit en état de guerre avec le monde entier. Il est évident que le but poursuivi par la race, tant qu'elle ne s'élève pas au dessus de cette conception grossière, ne peut être que la destruction ou l'asservissement des autres races.

Combien différente est l'idée nouvelle qu'avaient entrevue dans l'avenir les prophètes hébreux, et parfois même les sages de l'Inde, de la Grèce et de Rome, mais que Jésus Christ seul pouvait introduire efficacement dans le monde ! Les races n'ont rien perdu de leur valeur : l'Evangile n'est pas venu détruire, mais perfectionner. Elles gardent leur physionomie propre, leur noblesse et leur mission distinctes, mais elles ne sont plus ennemies, ni même étrangères : elles se sont réconciliées dans la révélation de leur parenté trop longtemps méconnue. Il n'y a plus seulement des hommes ou des peuples, il y a l'humanité qui se sent une sur toute l'étendue du globe par le sang d'Adam qui coule dans ses veines et par l'Esprit du Christ qui pénètre son âme.

Je sais que la science contemporaine a élevé des doutes sur l'unité de nos origines, et l'on peut se demander si après nous avoir amenés à interpréter plus sainement la Bible au sujet de l'ancienneté de notre planète et même de notre race, elle ne nous conduira pas un jour à une explication nouvelle de la création de nos premiers parents. Pour ma part, je ne crois pas qu'il en doive être ainsi, mais si je ne le crois pas, je ne le crains pas davantage. Notre unité est moins dans les entrailles d'Adam que dans celles de Dieu, dans ces entrailles du Dieu créateur et rédempteur qu'a chantées l'Evangile et dans lesquelles l'Orient nous a visités d'en haut.[1] Oui, quand même les sources physiques de notre sang seraient diverses, quand même des couples multiples auraient donné naissance à l'humanité, quand même l'Adam et l'Eve bibliques ne seraient que le type de plusieurs Adams et de plusieurs Eves historiques ou plutôt préhistoriques, ni ma foi religieuse, ni ma foi humanitaire n'en seraient ébranlées : il resterait toujours qu'un seul Créateur s'est incliné sur l'argile primitive pour nous animer tous de son souffle divin, qu'un même Rédempteur nous a tous restaurés à l'image et à la ressemblance que nous

---

[1] "Per viscera misericordiæ Dei nostri in quibus visitavit nos Oriens ex alto."—Luc i. 78.

avions reçues et perdues en commun. *Ipsius enim et genus sumus :* nous sommes de sa race, comme dit Saint Paul.[1] N'ayant donc qu'un seul Père dans un seul Dieu, les diverses races humaines sont appelées à se considérer comme les branches fraternelles d'une famille unique, et à se rapprocher dans l'observation des mêmes lois de justice et d'amour, dans la pratique d'un même culte, l'adoration du Père en esprit et en vérité. L'idéal de leurs destinées n'est plus dans la multiplicité de ces champs de bataille où elles s'égorgeaient au nom de la multiplicité des faux dieux : il est dans l'unité de la ville et du temple, dans la Sion mystique où, remontant des confins de la terre, elles iront l'une après l'autre rejoindre Israël, le peuple premier né de Jéhovah.

Ne m'objectez donc plus l'antagonisme des races. Chrétien parlant à des Chrétiens, je vous ai répondu par le mot de Saint Paul : "Il nous a été révélé un grand mystère, qui n'avait pas été connu dans leurs anciennes générations par les enfants des hommes ; les nations sont cohéritières et ne forment qu'un corps, elles ont la même part aux promesses de Dieu dans le Christ Jésus et dans son Evangile."[2]

Appliquons ces principes à la question qui nous occupe. S'il y a opposition entre les prétentions de l'Allemagne et celles de la France, c'est que ces prétentions sont injustes : l'opposition n'existe pas, ne peut pas exister, entre les véritables intérêts de deux peuples chrétiens. Ces intérêts en effet, si nous négligeons

____

[1] Act. xvii. 28.   [2] Ephes. iii. 3-6.

les questions accessoires et quelquefois surfaites, peuvent se résumer dans ces mots : l'unité de l'Allemagne et l'intégrité de la France. Eh bien ! je dis d'abord que la France ne saurait considérer comme un malheur pour elle l'établissement de l'unité allemande. J'ose le dire malgré les préjugés d'une partie de mes concitoyens, malgré l'autorité d'hommes éminents dont je respecte sur tant d'autres points le jugement si sagace et si sûr. Je l'ose d'autant plus que cette politique n'est pas pour moi celle du lendemain : je n'ai point ressenti les angoisses patriotiques qui ont suivi Sadowa, et dans la chaire de Notre Dame de Paris où j'avais à toucher ces questions par les sommets où elles touchent elles-mêmes la morale et la religion, j'ai fait tous mes efforts pour amener mon pays à voir dans les pays voisins non pas des compétiteurs dangereux, mais des rivaux pacifiques, des alliés naturels, et sous bien des rapports des modèles utiles.[1] J'affirme donc que la France n'avait pas à s'émouvoir de la fondation à ses portes d'une puissance politique et militaire de premier ordre, et qu'elle ne devait voir dans l'unité de l'Allemagne ni une humiliation ni une menace.

Ce n'était pas une humiliation. Car il en est des peuples comme des individus ; quand ils sont vraiment grands—et c'est le cas de la France—ils n'ont pas besoin de tout abaisser autour d'eux pour le paraître. Les vrais éléments de la grandeur d'un peuple sont en

---

[1] Conférences de Notre Dame de Paris, sur *la Famille* et sur *la Société civile*, 1866 et 1867.

lui-même, dans le développement régulier et progressif de ses institutions, dans l'accroissement de sa prospérité matérielle et plus encore de sa richesse intellectuelle et morale. La grandeur que l'on cherche au dehors par des interventions arrogantes dans les affaires d'autrui est illusoire autant que criminelle ; c'est la politique de l'envie, et de toutes les politiques aucune ne convient moins au passé glorieux et à l'âme héroïque de la France !

L'unité de l'Allemagne n'était pas non plus une menace. Que la France eût parlé avec cet accent qui persuade sur les lèvres d'un peuple comme sur celles d'un individu, qu'elle eût affirmé sa résolution de respecter la liberté de l'Allemagne dans tout ce qui touchait à son organisation intérieure ; qu'elle eût répudié tout désir de conquête à l'égard de ces provinces rhénanes qui ne voulaient pas plus être françaises que l'Alsace et la Lorraine ne veulent aujourd'hui devenir allemandes ; qu'elle eût refusé d'étendre la main vers ce fleuve sacré qui roule dans ses flots toutes les traditions historiques et légendaires des peuples germains ; la France alors n'avait pas à redouter une invasion allemande, et dans le cas de cette impossible agression, l'Europe entière eût été avec elle !

Nous n'avions donc pas plus d'intérêt que nous n'avions de droit à nous opposer à l'unité de l'Allemagne. Je ne crains pas d'ajouter que notre intérêt était plutôt de la favoriser. Il est des résultats contre lesquels aucune opposition ne saurait prévaloir par ce qu'ils sont dans la nature des choses : les aspirations de tout un peuple les réclament, le développement logique et pour ainsi dira fatal de son histoire y conduit, et ils lui apparaissent comme la condition de ses destinées providentielles. Une politique intelligente sait prévoir de tels évènements, et bien loin de leur créer des obstacles impuissants qui plus tard les tourneraient contre elle, elle leur donne un concours habile et généreux qui les fait servir à son avantage. Le gouvernement impérial l'avait compris tout d'abord, et je tiens d'autant plus à lui rendre cette justice qu'on la lui a plus longtemps refusée. Ces deux fantômes qui ont troublé la raison de la France, l'unité de l'Italie et l'unité de l'Allemagne, ne l'avaient point effrayé. Il avait déployé aux champs de Magenta et de Solferino ce drapeau dont l'Empereur disait avec raison " qu'une grande cause le précède et qu'un grand peuple le suit ; " et après la campagne foudroyante de 1866, il avait affirmé, dans une circulaire demeurée célèbre, le calme avec lequel la France regardait s'établir un nouvel ordre européen. Malheureusement l'Empire était aveuglé par la passion du gouvernement personnel : il n'a jamais compris ce qui fait la gloire et le repos de votre beau pays, l'alliance loyale du trône et de la liberté, et voilà pourquoi, décidé à résister à tout prix dans sa politique intérieure à la véritable opinion publique qui le poussait vers la liberté, il crut devoir céder dans sa politique extérieure aux exigences les moins fondées d'une opinion qui n'était pas celle du pays. Il prit vis à vis de l'Italie et surtout de la Prusse cette attitude pleine de défiance et de menace qui lui créa des ennemis là où il aurait eu des alliés, et qui l'entraîna finalement à l'abime où il nous a précipités avec lui.

Vous le voyez, messieurs, ce qui était contraire à l'unité de l'Allemagne, ce n'était pas le véritable intérêt de la France, c'étaient les préjugés d'une opinion factice, c'étaient les passions d'un faux honneur national exploités par le plus détestable calcul d'ambition dynastique.

L'Allemagne n'a pas plus d'intérêt à s'attaquer à l'intégrité de la France que la France n'en avait à empêcher l'unité de l'Allemagne. Tout ce que je viens de dire contre la politique funeste qui nous a conduits à Sedan, se retourne contre la politique non moins aveugle et non moins coupable que l'Allemagne a suivie depuis lors. L'Empereur Napoléon a disparu dans la tempête qu'il avait si follement soulevée ; ses soldats, dignes d'un meilleur sort, mais trahis par la fortune, sont captifs avec lui ; et c'est la nation qui se trouve seule et presque désarmée en face de ce déluge de fer et de feu. Oui, la nation avec cette capitale qui appartient à l'Europe en commun avec elle, ville des arts et des sciences, trop souvent aussi du luxe et des plaisirs, mais devenue la citadelle imprenable où chaque citoyen est un soldat, j'allais dire un héros. La nation avec ses foyers transformés en ambulances où chaque femme devient une sœur de la charité, pendant que les prêtres suivent au champ de bataille les époux et les fils pour prier, et, s'il le faut,

pour mourir avec eux ! Ah ! messieurs, cet abus de
la victoire contre une telle nation, ce manque de
respect et de pitié pour des malheurs sans exemple
dans l'histoire, cette poursuite implacable de notre
anéantissement politique, n'est-ce pas une conduite
sans générosité comme sans équité ? J'ajoute que c'est
une politique sans prévoyance. L'anéantissement
de la France ne peut être que temporaire. La grandeur de la Prusse ne date pas de Sadowa, mais d'Iéna,
et ce sont ses désastres qui ont été le principe de sa
régénération. Eh bien! une France nouvelle datera
de Sedan, et renaîtra, s'il le faut, des cendres de Paris.
Je n'ai pas un doute à cet égard ; je crains seulement
que, par la faute de la Prusse, cette France ait une
seule passion, la haine, un seul but, la vengeance !
Ah ! les plus affreux spectacles de la guerre ne sont
pas toujours sur les champs de bataille, je les ai
rencontrés au foyer domestique ; j'ai vu des mères
françaises, dans l'égarement de leur patriotisme,
serrer contre leur sein de petits enfants et leur dire
avec un accent qui faisait tressaillir, " Mon fils,
tu haïras les Prussiens ! " Un peuple nourri dans
de tels sentiments est un voisin redoutable. Le
nouvel empire allemand pourrait l'éprouver un jour.
En tout cas, la guerre deviendrait endémique sur le
continent, et la seconde moitié de ce siècle qui semblait
appelée à inaugurer l'ère de la paix, s'achèverait dans
des luttes plus sanglantes et dans des convulsions plus
funestes que celles qui en ont marqué les débuts.
Au lieu d'être au centre, j'allais dire au cœur de

notre Europe, un foyer nouveau de civilisation, l'Allemagne y deviendrait un foyer de barbarie. Infidèle à sa vocation véritable qui en fait avant tout une puissance intellectuelle, pacifique et libérale, elle deviendrait la proie du pire des despotismes, le despotisme militaire; elle s'inoculerait à elle-même le poison qu'elle a éteint dans nos veines, et bien loin de reprendre les traditions de Charlemagne, elle continuerait celles des Césars et des Napoléons.

Que les hommes d'état allemands y prennent garde! S'ils osaient asssumer devant Dieu et devant l'histoire la responsabilité d'un pareil avenir, ce n'est pas seulement à la France qu'ils nuiraient, ce n'est pas seulement à l'Europe : ils se constitueraient les plus dangereux ennemis de leur propre patrie, et je ne crois pas me tromper en disant qu'ils se mettraient en contradiction avec la véritable opinion publique de l'Allemagne, avec celle qui grandit chaque jour dans les classes éclairées, et qui répond aux instincts les plus profonds des classes populaires.

Je n'ai point parlé de l'Alsace et de la Lorraine : je l'ai fait à dessein. Cette question, agitée de part et d'autre avec tant de passion, est du nombre de celles qui me paraissent secondaires. Elle ne touche en rien au fond même du débat, et l'importance excessive qu'on lui a donnée du côté de l'Allemagne comme du côté de la France est une des causes les plus futiles et en même temps les plus actives de la prolongation de cette lutte sans but. Ah! pour moi, j'ai une trop haute et, j'en suis certain, une trop juste idée de mon pays pour confondre à ce point son intégrité morale avec son intégrité matérielle, et pour penser que la possession de deux provinces soit une condition tellement essentielle à sa grandeur qu'il descendrait par leur perte du rang élevé qu'il occupe. Votre propre histoire, messieurs, me rassurerait, s'il en était besoin. Quand nous vous reprimes Calais, cette ville dont vous aviez fait, disait-on, un pistolet chargé au cœur de la France, l'évènement prit pour vous les proportions d'un malheur public, et votre reine Marie en emporta dans la tombe le deuil inconsolable avec ce nom fatal gravé sur son cœur. Quel est l'Anglais qui songe aujourd'hui à déplorer la perte de Calais ? Il en serait de même un jour, je n'en doute pas, si Strasbourg et Metz devaient nous être enlevés. Ce qui fait que nous réclamons avec tant d'énergie ces deux villes, c'est moins leur importance stratégique que la fidélité héroïque qu'elles nous ont témoignée et que nous leur rendons. L'Alsace et la Lorraine veulent demeurer françaises : elles le prouveraient par leur vote, elles l'ont affirmé pas leur sang. La France leur doit et se doit à elle-même de ne pas les abandonner.

C'est à tort, du reste, que l'Allemagne verrait dans l'annexion de ces provinces une garantie nécessaire contre le retour d'une agression de notre part. Que le nouvel empire germanique sache être modéré autant que fort, il n'aura pas à craindre les attaques d'un voisin tout à la fois affaibli et reconnaissant. Je crois, quoiqu'on en dise, à la reconnaissance de la part des nations, et j'y crois tout particulièrement quand il s'agit de ma généreuse patrie. Les véritables garanties que l'Allemagne doit chercher sont dans des relations de bon voisinage, dans une alliance sincère et durable avec nous. Or le meilleur gage d'une telle alliance, c'est le maintien de l'Alsace et de la Lorraine dans notre unité nationale. Ces provinces, dites-vous, tiennent à l'Allemagne par leur histoire autant que par leur langue, je le reconnais volontiers ; mais l'âme de la France les a pénétrées, et elles tiennent à nous par l'énergie et la persistance de leur patriotisme. L'Alsace et la Lorraine, c'est le lien naturel et vivant des deux grandes nations, c'est la main et j'allais presque dire le cœur de l'Allemagne reposant fraternellement dans la main et dans le cœur de la France.

Montons plus haut encore, et puisqu'il s'agit des races et de leur antagonisme, contemplons dans la France l'instrument providentiel de leur rapprochement. Issue à la fois de Rome et de la Germanie, ayant mêlé leur génie dans sa langue et leur sang dans ses veines avec le génie et le sang des vieux Celtes, la France est comme le point de contact et d'union des races latines et des races germaines.

Dieu, qui gouverne l'histoire, et qui a voulu, ce semble, dire son dernier mot sur notre globe dans cette civilisation occidentale que nous nommons à bon droit la civilisation chrétienne, Dieu en a préparé de longue main, et comme à l'écart l'un de l'autre, les deux principaux éléments : d'une part, dans ces contrées du midi

brillantes, mais trop souvent asservies et corrompues,
l'élément des races latines qui se rattachent, avec
races grecques, à un type commun ; de l'autre, dans
ces forêts sans histoire, je me trompe, dans ces forêts
qui attendaient Tacite pour leur historien, l'élément
barbare, mais plus pur et plus libre, des races germaines. Par l'éclat de leur civilisation, par la puissance
de leur organisation politique, par la constitution du
municipe et du droit romain, les races latines repré-
sentaient plus particulièrement l'idée de la cité ; les
les races germaines au contraire, par cette indépendance
dont elles étaient si jalouses, par ce lien du sang
qui suffisait presque seul à unir leurs tribus, par cette
chasteté instinctive et religieuse qui leur montrait dans
la femme un être plus qu'humain,—*inesse divinum
quid*, dit Tacite,—les races germaines réalisaient surtout
l'idée de la famille. Une autre race, également solitaire,
la race juive, gardait pour toutes deux l'idée supérieure
de la religion. Quand Dieu l'eût appelée des hauteurs
de l'Orient dans la personne des apôtres et des premiers
Chrétiens, quand l'Evangile eût paru comme le conci-
liateur de tout ce qui était divisé, comme l'éducateur de
tout ce qui était barbare, comme le réformateur de tout
ce qui était civilisé, un choc immense et terrible se pro-
duisit dans le monde : c'est toujours ainsi que l'homme
commence ; mais le choc s'acheva dans un embrasse-
ment pacifique, et la Chrétienté fut fondée. Toutefois
l'œuvre divine est encore incomplète ; jusque dans leur
union, le Nord et le Midi sont restés ennemis, et
l'antagonisme des deux mondes s'est prolongé, tantôt

sourdement, tantôt avec éclat, à travers les siècles : au moyen âge, c'est le Sacerdoce et l'Empire, au XVIe siècle, la Réforme protestante, au XIXe, la Révolution française. Il est temps que les deux mondes n'en forment plus qu'un seul, et que les races du nord et celles du midi, en se réconciliant pleinement, réalisent les derniers progrès de la civilisation parfaite et du royaume de Jésus Christ sur la terre.

On prête au puissant ministre qui préside en ce moment aux destinées de l'Allemagne, j'allais presque dire à celles de l'Europe, cette conviction que les races latines sont usées. Il se trompe, elles ne sont que déchues, et il est d'une politique humaine et clairvoyante non d'essayer de les détruire, mais d'aider à les régénérer.

II.

Vous souvenez-vous, messieurs, de ces récits anciens qui nous montrent parfois, au moment où deux armées s'entrechoquent dans la plaine, des guerriers célestes combattant dans les nues, au dessus de leurs têtes ? C'est ainsi qu'après avoir transformé la guerre actuelle en une guerre de races, on a voulu en faire une guerre de religion, et derrière ces deux peuples en armes on a vu deux Eglises luttant pour l'empire du monde.

Je me défie de ces rapprochements plus ingénieux que solides, et dans le cas présent je ne sais s'il est exact de voir dans la France et dans l'Allemagne les champions officiels des deux grandes formes du Christianisme. L'Allemagne est partagée d'une manière à peu près égale entre le Protestantisme et le Catholicisme, et quant à la France, elle représente par tout un côté d'elle-même la réaction la plus énergique, et souvent la plus excessive, je ne dirai pas contre le Catholicisme, mais contre les excès du système romain.

Quoi qu'il en soit, et quand même il serait vrai que deux Eglises sont en présence en même temps que deux peuples, je ne vois pas pour elles de raisons de se combattre, j'en vois seulement de se tendre la main. Pourquoi ? Parceque, grâce à Dieu, le temps des guerres de religion est passé. C'est un des plus beaux triomphes de l'esprit chrétien, c'est un des bienfaits les plus salutaires et les plus assurés de la civilisation moderne, que d'avoir exclu le glaive du domaine des choses religieuses : non seulement le glaive du magistrat qui n'a pas le droit d'y punir, mais le glaive du soldat qui n'a pas la mission d'y conquérir. "Celui qui tirera l'épée périra par l'épée." Cette parole du Sauveur a surtout sa réalisation dans l'ordre spirituel. L'épée est impuissante contre la foi vraie ou fausse qu'elle veut détruire, elle ne fait le plus souvent que la raviver, l'exalter et l'étendre ; mais elle n'est que trop puissante contre l'Eglise aveuglée qui la porte : elle se retourne contre elle, et tue ou du moins blesse dans son sein le principe moral qui faisait sa vraie force.

Mais que dis-je, ce n'est pas seulement la guerre par le fer et le feu qui a cessé entre les Eglises, la guerre par la parole et par la plume tend elle-même à prendre fin. Les controverses théologiques durent encore, mais elles ne passionnent plus les peuples. La polémique religieuse a conservé, quelquefois même accru, l'étroitesse de ses anciennes allures, la violence de ses anciens procédés, mais elle rebutte de plus en plus dans les diverses communions les âmes vraiment pieuses et les esprits vraiment cultivés.

Un mouvement irrésistible, immense, entraine toutes les Eglises vers un mystérieux rapprochement. La résistance des partis extrêmes ne prouve qu'une chose, la toute-puissance du courant qu'ils veulent remonter. Oui, partout les Eglises s'arrachent à leur isolement, à leur exclusivisme : elles comprennent qu'elles se sont ignorées plus qu'elles ne se sont haïes, et cherchent à se mieux connaître dans leur passé comme dans leur présent. Elles compulsent en commun leurs archives, elles se livrent loyalement les titres de leurs gloires ou de leurs hontes : car il n'est pas d'Eglise si parfaite qui n'ait ses hontes, puisque'elle tient à l'homme, ni d'Eglise si obscure qui n'ait ses gloires, puisqu'elle tient à Dieu ! Elles comparent dans leur valeur relative les formes que la doctrine évangélique a revêtues chez chacune d'elles, les directions que la vie chrétienne y a suivies. Enfin, comme dans cette traduction des livres saints que j'ai vue se préparer ici-même par les soins de ministres appartenant à toutes les confessions, elles cherchent ensemble, sous la lettre qui les a si longtemps divisées, l'Esprit qui commence à les réunir. . . . . . . Oui, vraiment, cette fois encore, comme a dit le prophète, Dieu a fait quelque chose de nouveau sur la terre !

Ce serait une erreur en effet de voir dans l'indifférence religieuse le principe de cet admirable mouvement. L'indifférence religieuse n'est pas le caractère de notre âge, et le livre célèbre de M. de Lamennais n'avait qu'une vérité temporaire et locale. Jamais siècle ne fut moins indifférent que le nôtre. J'en atteste l'activité de ses recherches religieuses marquées d'une sincérité et d'une profondeur que n'ont point connues au même degré les âges précédents. J'en atteste ses doutes eux-mêmes, doutes sérieux et poignants dont il ne rit pas, comme Voltaire, mais dont il souffre, et si je le considère dans quelques-uns de ses représentants les plus illustres, je dirai dont il meurt. Enfin, j'en atteste sa foi, cette foi qui résiste, qui s'épure et grandit sous les coups redoublés de la critique et du scepticisme, et qui lui donne, avec la force de vivre, celle de travailler à un avenir meilleur que son présent !

Quelle est donc l'origine de ce phénomène si nouveau ? D'où vient ce rapprochement entre ce qui était demeuré si éloigné, cette réconciliation entre ce qui avait paru si irréconciliable ? Je pense qu'il en faut chercher la cause, en grande partie du moins, dans un sentiment plus vrai de l'histoire et de l'état présent de la société chrétienne. Un évènement, qui paraissait impossible à l'antiquité ecclésiastique, s'est réalisé, et nous avons été longtemps nous-mêmes sans en comprendre la nature et les conséquences. L'unité visible de l'Eglise a été brisée. Par la séparation de l'Orient et de l'Occident, au xe siècle, deux grandes Eglises se sont trouvées en face l'une de l'autre, toutes deux apostoliques, toutes deux orthodoxes, toutes deux catholiques, et pourtant ennemies. Au xvie siècle, la séparation protestante est venue, et elle a développé cet état de division dans des proportions nouvelles et surtout dans un esprit nouveau. La synthèse primitive a achevé de se briser dans une immense et confuse analyse. Chacune des Eglises qui surgirent alors se prit plus ou moins pour l'Eglise universelle, et crut posséder un caractère absolu qui manquait à ses rivales. Sa théologie était la formule adéquate et définitive de la révélation biblique ; son organisation était la reproduction fidèle de l'Eglise apostolique. Je ne pense pas faire injure au Protestantisme en affirmant qu'il n'y a pas eu dans son sein de secte si restreinte qui n'ait partagé plus ou moins cette étrange illusion. Heureusement il n'en est plus ainsi : les Eglises protestantes sont les premières à confesser qu'au double point de vue de leur principe et de leur histoire de telles prétentions ne sont pas soutenables. Je ne crains pas d'ajouter que des vues analogues se font jour parmi les esprits les plus éclairés du Catholicisme. Sans doute ils maintiennent, et avec raison, les principes de continuité et d'universalité qui sont le caractère propre de leur Eglise, mais ils commencent à s'apercevoir que ces principes n'ont pas toujours reçu leur application dans les faits. Les évènements qui viennent de se produire à Rome ne serviront pas peu à développer et à préciser ces vues.

Après le Concile du Vatican beaucoup plus qu'après celui de Trente, il sera difficile de ne pas reconnaître dans l'Eglise romaine des éléments nouveaux, et souvent défectueux, qui en font, sous certains rapports, une Eglise particulière, et qui ne lui permettent plus, à moins d'une réforme courageuse et profonde, de remplir sa grande mission pour l'unité du monde. Toutes les Eglises sont imparfaites, et par conséquent aucune ne peut se suffire à elle-même : toutes, pour remonter vers l'Eglise parfaite, elles ont besoin les unes des autres en même temps qu'elles ont besoin de Dieu !

Le mouvement qui rapproche les esprits a son origine dans des régions plus profondes encore : il tient à une connaissance plus intime des lois de la pensée, et, s'il m'est permis de le dire, de la nature même de la vérité, telle qu'il est donné à l'homme de la posséder sur la terre. Sans doute la vérité est réellement dans la pensée humaine, mais elle y est comme un hôte plus grand que sa tente, comme un Dieu plus auguste et plus saint que son temple. La vérité ne se précise pas : la plus nécessaire et la plus certaine de toutes, la vérité religieuse, est en même temps la moins susceptible de précision. Elle résiste à toutes les formules, elle ne se laisse point renfermer dans nos systèmes théologiques, ni dans nos institutions ecclésiastiques, mais ne nous livrant d'elle-même que cette part nécessaire aux besoins du voyage, et ne se laissant voir, comme à Moïse et à Elie, que par derrière et pour ainsi dire en fuyant, elle nous entraîne avec nos pensées et avec nos œuvres vers le monde supérieur qui est son séjour et qui sera le nôtre !

Entendez-moi bien, je vous prie : je ne méconnais pas la valeur des formes religieuses ; elles sont légitimes, bien qu'imparfaites, elles sont utiles et même nécessaires, et sans elles il n'y aurait ni enseignement ni société possibles. Mais j'affirme que plus on pénètre la vérité et la vie, moins aussi on s'attache ou du moins on s'enchaîne aux formules, et tout en restant fidèle à la parole qui retentit à l'oreille, et qui est l'organe extérieur de la foi, on écoute comme Saint Paul au dedans de soi-même ces paroles secrètes qu'il est permis à toute âme d'entendre, qu'il est interdit à toute bouche de répéter, *arcana verba quæ non licet homini loqui !*

C'est ainsi qu'il se forme au dessus de toutes les Eglises, mais non pas en dehors, une communion des esprits et des cœurs les mieux orientés vers l'avenir, et en même temps les plus fidèles au passé. Dans l'attente d'une plus complète unité, pour laquelle le présent n'est pas fait, mais qu'il leur est donné seulement de désirer et de préparer de loin, ils réalisent déjà celle dont parlait l'apôtre : l'unité de l'esprit dans le lien de la paix !

Il me reste à vous montrer dans les deux pays que l'on nous présente comme le siège même de l'antagonisme des Eglises, le milieu providentiel de la conciliation religieuse.

On a dit souvent que la France était catholique par les exigences de sa logique et de son tempérament autant au moins que par les traditions de son histoire :

je le reconnais volontiers, et j'en suis fier à la fois pour mon Eglise et pour mon pays. Mais il ne faut pas oublier que c'est cette même France qui a donné par Calvin sa forme la plus originale et peut-être la plus caractéristique au Protestantisme, sa forme sans nul doute la plus populaire dans les pays de race anglo-saxonne. Il faut se souvenir aussi que la France catholique elle-même a empreint du génie qui lui est propre sa fidélité à l'antique Eglise, et que sous le rapport de la religion comme sous celui de la race, elle forme depuis longtemps une zone centrale et tempérée entre le midi et le nord de l'Europe. Par Bossuet comme par Gerson, avec une indépendance mêlée de respect, elle a posé aux envahissements du pouvoir central les bornes qu'il essaiera vainement de franchir ; par Descartes, elle a ouvert au libre examen des voies tout à la fois plus hardies et plus sûres que celles de Luther ; et dans cette admirable école de Port Royal, avec la science d'Arnaud, avec la tendresse et la pureté de Racine, avec l'austère génie de Pascal, elle a élevé l'immortelle protestation de la conscience chrétienne contre ces systèmes qui du même coup corrompent la morale et oppriment la liberté.

Je viens de parler des protestations de la conscience. C'est de l'une d'elles, excessive à mon sens, mais sincère et grandiose, qu'est sorti le Protestantisme. L'Allemagne fut sa terre natale. L'Allemand, écrivait Charles Quint au Pape qui ne sut pas l'entendre, l'Allemand est un animal patient qui porte tout, excepté ce qui pèse sur sa conscience. De la conscience oppressée de Luther, de son cœur brûlant et déchiré, s'est échappé le cri qui a réveillé le monde, et dont l'écho le trouble encore aujourd'hui. C'est en Allemagne aussi que le Protestantisme s'est développé le plus complètement peut-être dans les deux directions nécessaires à tout mouvement religieux, et qui, souvent opposées dans leur marche, finissent toujours par se réconcilier, je veux parler de la science et de la piété. Oui, la science sous sa forme la plus progressive, téméraire, égarée quelquefois, mais honnête, profonde et féconde, la science a eu son foyer dans ces universités sans rivales, je peux le dire, même en Angleterre ; et la piété, sous sa forme la plus pratique et la plus touchante, a eu son sanctuaire dans le cœur de ces populations instruites et naïves qui se reposent de leurs travaux dans la paix en lisant la Bible et Schiller, et qui vont au combat, comme dans cette guerre, en chantant les versets de leurs vieux psaumes sous les sapins de leurs vieilles forêts !

Mais à côté de ce Protestantisme, auquel j'ai voulu rendre hommage, l'Allemagne n'a pas cessé de nourrir un Catholicisme non moins éclairé, non moins honnête et non moins libéral. Il s'est manifesté au Concile du Vatican par cette opposition triomphante dans son apparente défaite, à laquelle il avait donné quelques uns de ses plus fermes soutiens. Toutefois ce n'est pas dans un évêque, mais dans un simple prêtre qu'il se personnifie, vieillard demeuré jeune par l'esprit et le cœur sous le poids des années et de l'expérience, patriarche de la science allemande, comme on l'a si bien dit, mais patriarche de la conscience aussi, et qui, grand par le caractère autant que par l'intelligence, impose le respect à ceux qui ne savent pas l'aimer. J'ai nommé Döllinger.

Nulle contrée du reste ne voit les deux communions vivre dans des rapports plus tolérants, plus doux, j'allais presque dire plus fraternels. J'en ai rencontré moi-même, au printemps dernier, une touchante image dans la ville d'Heidelberg. Rapprochés dans le même temple, les deux cultes s'y célébraient à côté l'un de l'autre, les cantiques luthériens y faisaient écho à la liturgie latine, et Catholicisme et Protestantisme étaient à peine séparés par un mur! Mon cœur s'émut au dedans de moi, et je murmurai tout bas: Le temps viendra où quant à la foi chrétienne nous serons tous Catholiques, où quant aux erreurs et aux injustices nous serons tous Protestants!

La voilà donc, messieurs, cette guerre que l'on disait fatale et dans laquelle des esprits aveugles ou méchants avaient concentré tout ce que la terre et le ciel peuvent nourrir de haines! Nous ne lui avons trouvé de raison d'être ni du côté de la terre ni du côté du ciel, ni dans les intérêts politiques des peuples ni dans leurs sentiments religieux, et nous l'avons réprouvée à la fois au nom de la raison et du Christianisme. Toutefois n'aura-t-elle pour résultats que ce sang répandu, que ces ruines fumantes, et demeurera-t-elle dans l'histoire comme une monstrueuse inutilité? Le penser serait faire injure au Dieu très-sage et très-bon qui prend soin de la création, et qui, habile à susciter le bien, des entrailles mêmes du mal, ne permet aux hommes d'introduire dans son œuvre un désordre quelconque que pour en tirer lui-même un ordre plus parfait et plus stable.

Eh bien! les résultats providentiels de cette coupable guerre m'apparaissent déjà, et je les salue, avant de terminer, en votre nom comme au mien.

C'est d'abord, en ce qui concerne l'Allemagne, la création d'un organisme politique en harmonie avec son vaste développement intellectuel et moral. L'Allemagne était comme une grande âme renfermée dans un corps impuissant : ce désordre a cessé, et c'est parceque nous connaissons l'âme de l'Allemagne que nous ne redoutons pas l'action qu'elle exercera dans l'avenir.

Et quant à la France, messieurs, il semblerait qu'elle n'a rien gagné, mais qu'elle a tout perdu. Chère et malheureuse France! en la voyant étendue sur son propre sol, dans les convulsions de son héroïque agonie, on serait tenté de répéter, en pleurant, le mot dit d'une autre victime : *Finis Poloniæ!* Non, ce n'est pas la fin, c'est le commencement! C'est, dans le désastre le plus inattendu, le salut le plus inespéré! Délivrés d'un régime qui nous perdait, et que nous avions acclamé par deux fois, nous allons nous arracher à cette alternative des dictateurs et des tribuns, de la Convention et de l'Empire ; nous allons rompre enfin avec la tradition mauvaise de notre grande révolution pour en reprendre la tradition légitime, et pour réaliser, sous la forme d'une république conservatrice ou d'une monarchie libérale, deux mots qui expriment presque une même idée, ces promesses si nécessaires et pourtant si longtemps différées !

Dans cette apparente prospérité qui a recouvert pendant vingt années tant de servitude et d'immoralité, la France était devenue un mauvais exemple pour les autres peuples, et elle pouvait à la longue les entrainer dans des voies d'universelle perdition. Il fallait que ce scandale cessât. C'était la prière que les âmes vraiment patriotiques et vraiment chrétiennes adressaient au ciel, et vous me permettrez de rappeler encore que plus d'une fois je m'en suis fait l'interprète. "Je veux," disais-je dans la chaire de Notre Dame, " je veux mettre à nu des plaies que l'on s'obstine à cacher. Oui, pendant que le luxe dévore les entrailles d'une nation, pendant qu'au sein de cette dissolution croissante les courtisanes élèvent de toutes parts leurs têtes superbes, comme les vers sur le cadavre qui les nourrit, il surgit une autre engeance de corruption et de mort qui s'attache non plus au cœur, mais au cerveau—les sophistes, à la fois corrupteurs de la raison publique et de la langue qui lui servait d'organe . . . . Mais voici l'ennemi à nos portes, notre honneur insulté, notre indépendance menacée. S'il faut tout cela pour nous arracher à ceux qui nous perdent, Dieu nous l'accordera, parcequ'il nous aime et veut nous sauver malgré nous . . . ."[1]

Oui, Dieu nous a sauvés, et pour moi, je ne me sens pas le droit de lui demander compte du moyen terrible

[1] Conférences de 1867 : *la Guerre.*

dont il a fait choix. Merci, Dieu des miséricordes et des justices, vous avez rendu la France à elle-même : vous seul pouviez savoir au prix de combien de larmes et de combien de sang devait s'opérer une telle rédemption !

Et enfin, messieurs, Rome est libre ! C'est ma patrie aussi, la patrie de mon âme, et la joie de sa délivrance éclate comme un pur rayon dans les ténèbres de cette heure. Ah ! j'ai vu de trop près le pouvoir temporel pour partager les regrets aveugles qu'il inspire ! J'ai fait tous mes efforts si non pour l'aimer, du moins pour le respecter, je m'y croyais obligé : ma conscience a été plus forte que mes préjugés. Le pouvoir temporel a eu sa place légitime, peut-être nécessaire, dans un autre ordre de choses, il a compté des jours prospères et même glorieux ; mais, dans sa forme dernière, il n'était plus qu'un système décrépit, destiné à s'écrouler sur lui-même dès que l'appui du dehors lui serait retiré.

Salut donc à la liberté de Rome ! La liberté, je le sais, n'est jamais qu'un moyen, elle peut demeurer stérile ou devenir funeste, mais j'ai foi dans l'usage que Rome en saura faire. La liberté de Rome, ce sera l'Italie rendue, elle aussi, à elle-même, maîtresse enfin de ses grandes destinées ! La liberté de Rome, ce sera le relèvement des races latines ! La liberté de Rome, ce sera plus et mieux que tout cela : ce sera la réforme de l'Eglise !

LONDON :
R. CLAY, SONS, AND TAYLOR, PRINTERS,
BREAD STREET HILL.

48